Sommario

Introduzione

Una delle competenze che saranno maggiormente richieste dai principali recruiter del mondo del lavoro a partire dai prossimi anni sarà l'intelligenza emotiva. L'importanza di tale competenza risiede nel fatto che nel lavoro è sempre più necessario essere in grado di gestire e controllare le proprie emozioni e le proprie reazioni, per aumentare la produttività e l'efficienza. Nonostante la notevole importanza sempre crescente che essa riveste, l'intelligenza emotiva è sottovalutata da oltre l'80% degli individui.

Le esperienze vissute quotidianamente da ogni singola persona potrebbero rappresentare una solida base di partenza per imparare ad utilizzare l'intelligenza emotiva, tuttavia gran parte di esse non si rende conto, se non in minima parte, di tutto ciò che vive, e dunque rimane intrappolata nell'incapacità di trarre i giusti insegnamenti, imparando a gestire i diversi sentimenti.

Proprio per questo motivo, le aziende ricercano al giorno d'oggi soggetti con una grande padronanza delle emozioni, in quanto tali soggetti avranno una maggiore spinta motivazionale nello svolgere il proprio lavoro e risentiranno in misura minore dello stress psicologico. Saranno manager di successo coloro che saranno in grado di trasformare le proprie competenze interpersonali, psicologiche e sociali in strategie aziendali di successo, senza tralasciare l'empatia e le relazioni sociali con i propri dipendenti e collaboratori.

Ma l'intelligenza emotiva, prima che in ambito aziendale, deve essere sviluppata a livello personale. Sarebbe ideale educare all'intelligenza emotiva fin dai primi anni di vita i bambini, in quanto la capacità di apprendimento è molto più flessibile, ma ciò non significa che un soggetto non possa apprendere tale competenza anche in età adulta. Non è facile imparare a decifrare e gestire le emozioni proprie e quelle degli altri, ma farlo può rendere le persone migliori.

Capitolo 1 – Cosa è l'intelligenza emotiva

Non è possibile fornire una definizione precisa di intelligenza emotiva, sia in quanto essa si rapporta con ogni elemento psichico e fisico dell'essere umano, sia perché tentando di definirla si rischierebbe di limitarne il concetto.

L'intelligenza emotiva fa comunque riferimento alla capacità dell'uomo di interagire con le proprie emozioni: maggiore è il controllo che un essere umano ha su di esse e più alto sarà il quoziente intellettivo emotivo. Riuscire a gestire i sentimenti, dunque, è fondamentale nella vita dell'uomo per compiere qualsiasi gesto, da quello più comune alle imprese più ardue.

È possibile suddividere l'intelligenza emotiva, così come studiata sin dai primi anni '90, in tre branche principali. La prima riguarda la valutazione delle emozioni. Si tratta della capacità posseduta da un essere emotivamente intelligente di esprimere e categorizzare i sentimenti provati, limitandoli e individuandoli. La seconda categoria fa invece riferimento alla regolazione delle emozioni. Lasciarsi sopraffare dai sentimenti è infatti spesso controproducente e, dunque, un atteggiamento di questo genere può essere ricondotto ad un'etica poco intelligente. La terza categoria, infine, comprende l'utilizzo delle emozioni. Si tratta della capacità posseduta dall'uomo di trasformare le emozioni, convertendole da punti deboli a punti di forza. La qualità con la quale si distinguono, si regolano e si utilizzano le emozioni dunque definiscono il livello di intelligenza emotiva posseduto da ciascun soggetto.

Una visione dell'intelligenza emotiva di questo genere però non fa riferimento alcuno all'intelligenza vera e propria. Proprio per questo motivo le categorie inizialmente prodotte sono state ampliate e ridefinite, in modo tale da esaltare la capacità intellettiva del soggetto, piuttosto che spostare l'attenzione sulle emozioni. Ciascun soggetto è in possesso della capacità di gestire i propri sentimenti, ma non tutti sanno come fare per approcciarsi ad esso. La differenza tra l'intelligenza emotiva dei vari soggetti nasce proprio da questo concetto, e a seconda di tale capacità gli uomini possono considerarsi più o meno adatti ad occupare posizioni sociali che richiedono responsabilità e requisiti psico-fisici più alti.

1.1 – L'importanza degli studi di Goleman e la nascita dell'intelligenza emotiva

Durante i primi anni '90 gli Stati Uniti dovettero affrontare una serie di casi di omicidio. A questi si unirono ben presto un elevato numero di suicidi e un abuso di droghe e sostanze stupefacenti, tra i giovani, ma non solo, che sfociarono in ulteriori casi di morte. L'attenzione di numerosi psicologi e neurologi si spostò sul sistema cerebrale dell'essere umano moderno che, secondo un'opinione pressoché unanime, era sottoposto ad uno stress eccessivo. La vita frenetica delle metropoli statunitensi, ma ben presto anche delle principali città europee, induceva infatti l'uomo ad una costante perdita dei valori, che comportava una maggiore facilità nell'uccidere un proprio simile anche per motivi futili. Questo era evidenziato anche da un notevole incremento nella probabilità di affrontare almeno un episodio di depressione durante la vita di ogni singolo soggetto.

L'intelligenza emotiva, dunque, divenne protagonista nella vita dell'uomo e studiarla fu quasi una necessità. Nel 1990 furono per primi i dottori Salovey e Mayer a studiare l'influenza delle emozioni sull'esistenza umana. Essi riuscirono a capire l'importanza personale e sociale che poteva avere una gestione totale delle emozioni. Sullo stesso piano, circa cinque anni più tardi, si soffermò la teoria di Daniel Goleman, che nel suo libro *"Emotional Intelligence"* studiò l'importanza di categorizzare i sentimenti e le passioni, al fine di trasformarli in punti intellettuali distintivi e caratteristici.

L'uomo moderno, a partire dagli anni '90 ha subito un isolamento sempre più alienante, dapprima con il lavoro industriale, successivamente con la televisione e i videogiochi e adesso con le nuove tecnologie. Tale isolamento è forse il motivo principale che ha comportato una depressione emotiva sempre maggiore, a sua volta causa di efferati e insensati omicidi e di comportamenti atti a ledere il proprio fisico e la propria mente. L'intelligenza emotiva, dunque, nasce come risposta a questo periodo difficile per l'uomo, specialmente dal punto di vista psichico.

Se la necessità era già molto evidente negli ultimi anni del XX Secolo, al giorno d'oggi la gestione delle emozioni è diventata fondamentale. Sempre più frequenti sono infatti i casi che avevano portato Salovey, Mayer e Goleman ad approfondire la funzione cerebrale e l'influenza dei sentimenti sulle azioni e sulla vita quotidiana.

Il motivo principale di tale involuzione passionale può essere individuata sia nello stress implicito nella vita moderna, sia nella differenza educativa posseduta dai soggetti. Proprio per quest'ultimo motivo, secondo i neurologi e gli esperti del settore, sarebbe importante alfabetizzare le emozioni sin dalla giovane età. A scuola, ad esempio, sarebbe opportuno inserire attività che aiutano gli alunni a riconoscere le emozioni provate, in modo tale da abituarli a rapportarsi adeguatamente con i propri sentimenti, incrementando le proprie capacità.

1.2 – Qual è il vero scopo delle emozioni

Per capire il potere delle emozioni, basta pensare al sacrificio che compiono i genitori in certe situazioni critiche, per riuscire a salvare la vita dei propri figli. Essi, solo per puro amore, riescono a scegliere, anche in pochissimi istanti e con estrema razionalità, di morire, purché i propri figli sfuggano alla situazione di gravità sani e salvi. È possibile dunque affermare che un sentimento vero è persino più forte dello spirito di sopravvivenza, considerato come la più potente forza volontaria dell'essere umano.

Con il passare degli anni, l'uomo ha cercato però di distinguere la parte razionale dai sentimenti, man mano indirizzati verso il cuore. Le decisioni più importanti vengono dunque assecondate ascoltando la propria parte razionale, ossia quella misurata dal cosiddetto Quoziente Intellettivo. Ma in realtà le emozioni sono parte integrante del sistema cerebrale: se queste dovessero sopraffare la ragione, un essere umano dovrebbe comunque essere in grado di prendere decisioni importanti, senza che le stesse offuschino la propria mente, bensì cercando di sfruttarne al massimo il loro potenziale.

Sin dall'antichità, però, l'essere umano ha tentato di mettere in atto proprio l'esatto contrario. Ogni legge, dai regolamenti religiosi a quelli sociali, e ogni loro evoluzione, è stata realizzata in modo tale da frenare impeti emozionali, cercando cioè di stabilizzare il comportamento umano, uniformandolo ad un'idea di razionalità, che però si è mostrata errata. Quasi tutti i reati, in linea generale, vengono considerati come frutto di un offuscamento cerebrale, che ha provocato una temporanea mancanza di razionalità: il colpevole di questo processo è il sentimento. In realtà il vero colpevole si può dire sia lo stesso soggetto che ha commesso il reato che, in mancanza di un'intelligenza di tipo emotivo, non ha saputo gestire le proprie emozioni, sfociando in raptus e comportamenti deplorevoli.

Capire quale sia il vero scopo delle emozioni è però semplice. L'uomo, analizzato da un punto di vista naturalistico, è un animale, seppur pensante. Le emozioni guidano qualsiasi altro essere vivente del pianeta: paura, rabbia, passione e amore. Si può dunque interpretare l'emozione come un vero e proprio impulso ad agire. È dunque importante ascoltare i propri sentimenti, ma naturalmente è fondamentale anche saperli gestire.

La stessa terminologia conferma come l'emozione sia un impulso naturale che spinge gli esseri a compiere una determinata azione: questo termine deriva infatti dalla lingua latina, "*moveo*", con il significato di muovere; anche il prefisso "*e-*" è molto importante in quanto accentua la volontà di muovere, ossia di agire. Attraverso un processo durato millenni, l'uomo è riuscito a separare, quasi totalmente, le emozioni dalla ragione, ottenendo in questo modo un comportamento standard, che però, se confrontato con il resto del mondo animale, può essere considerato come anomalo. I bambini stessi non possiedono questa capacità di separare due elementi fondamentali del proprio corpo, ma l'educazione spinge loro in maniera costante a conformarsi al resto della popolazione umana. I recenti studi stanno inoltre confermando come ogni singola emozione abbia un ruolo diverso: a seconda della forza con la quale si manifestano, le emozioni tendono a preparare, psicologicamente e fisicamente, il corpo ad una determinata reazione.

L'emozione studiata con maggiore facilità, anche per via del suo peso giudiziario, è la rabbia. Un soggetto invaso da questa emozione tende a confluire velocemente il sangue verso gli arti superiori, per semplificare la presa di oggetti, con un improvviso aumento del numero di battiti del cuore e una conseguente scarica di ormoni.

Anche la paura mostra dei segnali ben evidenti e specifici. Il sangue, questa volta, confluisce verso gli arti inferiori, in modo tale da preparare le gambe ad una fuga rapida. Questo avviene però dopo un istante di pausa: il cervello lascia il tempo al soggetto di capire quale sia il modo migliore per allontanarsi dal pericolo, paralizzandolo per circa un secondo.

La sorpresa invece comporta un immediato inarcamento delle sopracciglia. Questo movimento può apparire come un segnale superfluo, ma in realtà è importante in quanto consente alla luce di irradiare con maggiore vigore la retina, espandendo allo stesso tempo l'intero campo visivo del soggetto. Lo scopo è semplicemente quello di mettere a fuoco tutti i dettagli per facilitare la comprensione di ciò che sta avvenendo.

L'amore è un altro dei sentimenti fondamentali studiati da Goleman e dagli altri sostenitori della teoria dell'intelligenza emotiva. Questa emozione, proprio come il piacere sessuale, riesce a infondere al corpo pura soddisfazione, lasciando il soggetto calmo e rilassato. Si tratta di un procedimento completamente opposto rispetto a quello della paura, che invece tende ad allertare tutti i sensi e a preparare il corpo ad una reazione istantanea.

L'emozione che comporta un maggior rilascio di energie positive è però sicuramente la felicità. Quando viene provato questo sentimento, il corpo riesce ad inibire totalmente tutte le emozioni negative, consentendo al soggetto di godersi pienamente il momento.

Il sistema cerebrale, invece, reagisce in maniera diametralmente opposta alla felicità quando prova tristezza. Le energie in questo caso crollano, e i sentimenti ad essere inibiti questa volta sono quelli positivi.

Infine il disgusto è un'emozione che comporta reazioni simili in tutto il mondo. Tali reazioni, ossia quella di inarcare il labbro superiore e quella di arricciare il naso, furono studiare in precedenza anche da Darwin nella sua teoria sull'evoluzione. Questi comportamenti sono dovuti essenzialmente al tentativo immediato del corpo di sputare o di soffiar via, rispettivamente da bocca e naso, aria putrida e gusti nauseanti. Queste reazioni possono essere associate ai comportamenti dei primi ominidi che tendevano ad avere una reazione istintiva per evitare avvelenamenti da cibo.

Come detto, però, le emozioni sono state plagiate durante l'intero periodo di evoluzione, specialmente dal momento in cui l'uomo ha cercato di creare una comunità, civilizzandosi e allontanandosi dal mondo animale. Uno degli esempi più chiari in questo senso è proprio il pianto, nei momenti in cui un soggetto prova tristezza. Questo non viene infatti considerato un comportamento istintivo, bensì più un modo di conformarsi ai diversi momenti. Il crollo di energie comporta infatti solamente una sensazione di perdizione totale; il pianto viene dunque considerato un atteggiamento che nasce dalla consapevolezza del momento, dunque associabile più alla parte razionale del sistema cerebrale che alla parte sentimentale.

1.3 – L'importanza di conoscere sé stessi

Approfondire la conoscenza di sé stessi e del funzionamento delle proprie reazioni ai singoli sentimenti è solamente il primo passo verso il raggiungimento della cosiddetta intelligenza emotiva. Per semplificare il compimento di questo primo passo all'interno di sé stessi, si potrebbe osservare il comportamento delle altre persone in particolari momenti.

Una persona triste, a seguito di un fatto grave della propria vita, come ad esempio la morte, il divorzio o l'allontanamento da un caro, può essere analizzata sotto due aspetti. Generalmente per intuire cosa stia provando la sua parte sentimentale è possibile osservare attentamente gli occhi. Questi possono mostrarsi lucidi e segnati da sofferenza; viceversa la parte razionale può far dire alla persona cose che in realtà non pensa e non prova. Quest'ultima parte, infatti, tende a distaccare il sentimento dai fatti accaduti e, dunque, tenta di dare spiegazioni a tali eventi in maniera obiettiva: in realtà però, le emozioni fanno parte della vita dell'uomo ed escludersi dall'analisi, seppur obiettiva, di un fatto può essere considerato un errore.

La separazione tra le due parti che governano un essere viene spesso viene effettuata in quanto associata a due elementi anatomicamente distinti: il cuore per la parte sentimentale, la mente per quella emozionale. Come già detto in precedenza, però, il cuore non è capace di provare sentimenti: l'accelerazione del battito cardiaco in certi momenti della vita e in certe situazioni, ad esempio, è dovuta ad una mera conseguenza di un processo messo in atto a livello cerebrale.

È più opportuno dunque, come afferma lo stesso Goleman, parlare di due menti, quella sentimentale e quella razionale. Queste menti collaborano costantemente in ogni istante della vita ma, a causa della limitazione imposta dalla società umana alla prima di queste due menti, gli istinti emozionali sono stati gradualmente soffocati, per favorire la razionalità. Le due menti sono comunque ben distinte, in quanto ognuna di esse opera su parti cerebrali e comporta conseguenze differenti rispetto all'altra.

Molti casi di omicidio, tra cui quelli più efferati e violenti, sono accompagnati da un'esperienza comune: il sequestro emozionale. Gli assassini, infatti, raccontano che, a causa di una frase, di una minaccia o di un gesto compiuto dalle vittime, hanno perso in un attimo il controllo di sé stessi. La mente sentimentale, dunque, prevale completamente su quella razionale, che non ha più modo di agire. Il sopravvento totale delle emozioni può manifestarsi anche nei casi di risate incontrollate e ingestibili, di un amore, anche sessuale, che un soggetto non riesce a frenare, di un pianto a dirotto dovuto ad una tristezza infinita.

In questi casi la testa può essere paragonata ad una pistola. Una volta azionato il grilletto, che in questo caso è rappresentato dall'amigdala, ossia un elemento cerebrale a forma di mandorla che gestisce tutte le strutture interconnesse, una delle due menti può prevalere sull'altra, facendo perdere il controllo del corpo.

1.3.1 – L'essere umano è succube delle passioni

Ciò che spinse Goleman ad analizzare e ad approfondire gli studi sull'amigdala e sulla mente sentimentale fu proprio il tentativo di dare una spiegazione a eventi molto gravi e insensati, come l'omicidio. Un soggetto che non è in grado di gestire le proprie emozioni è fondamentalmente più esposto ad affrontare un caso di sequestro emozionale.

Il fatto di aver limitato per secoli la parte emozionale del sistema cerebrale ha comportato una trasformazione di questa mente, oramai paragonabile ad una pentola a pressione. Nel momento in cui una passione si dimostra superiore ad un certo limite, a causa del momento, dell'entità e di altri fattori, come ad esempio la provocazione, allora il sequestro emozionale è inevitabile. Per questo motivo non è sbagliato affermare che al giorno d'oggi l'uomo può essere succube delle passioni.

Il problema dell'essere umano sta però a monte rispetto ad eventi come questi, che possono essere definiti come conseguenze della mancanza di un'intelligenza emotiva. Per raggiungerla è necessario implementare uno studio psichico personalizzato in grado di creare un processo che consenta di gestire e limitare l'amigdala. Il lato che può definirsi controproducente riguarda una maggiore lentezza nei tempi di reazione in una situazione di allerta, ma allo stesso tempo un controllo di questo genere eviterebbe di incorrere in casi di sequestro emotivo. Questi ultimi, infatti, per potersi attivare completamente necessitano della presenza contemporanea di due elementi: la predisposizione dell'amigdala e la soppressione dei processi neocorticali. In particolare, tali processi garantirebbero un profilo basso a livello emozionale, evitando in questo modo di divenire succubi, anche se per pochi momenti, delle passioni.

1.3.2 – L'intelligenza emotiva come nuova capacità fondamentale per la vita

L'intelligenza emotiva nasce dunque non come elemento qualitativo personale e sociale, bensì come capacità di evitare eventi spiacevoli e raptus improvvisi che potrebbero provocare conseguenze decisamente negative per sé stessi e per gli altri soggetti. Dal 1990 in poi, ossia dal momento in cui la presenza di due menti è divenuta certezza, la cura e l'espansione

38

dell'intelligenza emotiva è divenuta fondamentale al fine di migliorare la vita umana. Innanzitutto la capacità di gestire le emozioni può rivelarsi efficiente da un punto di vista personale. Migliorare lo stato di salute cerebrale è infatti importante per affrontare la vita nelle modalità corrette. I soggetti intellettualmente emotivi infatti riducono notevolmente il rischio di incorrere in patologie depressive.

Da un punto di vista relazionale invece l'intelligenza emotiva consentirebbe di mantenere costantemente un equilibrio anche nei momenti più difficili. Si tratta di momenti delicati magari riferibili all'ambito lavorativo, oppure momenti intimi con il proprio partner. Se a livello personale i benefici di gestire completamente le proprie emozioni sono molteplici, a livello sociale i vantaggi verrebbero ancor più amplificati, a cominciare dalla riduzione dei crimini. Naturalmente parlare di un azzeramento del numero di reati sarebbe un utopia, ma verrebbero comunque meno tutti quegli omicidi frutto di un raptus o di una reazione violenta, ossia frutto di un sequestro emotivo. La società parrebbe anche più sana ed equilibrata, grazie alla riduzione dei casi di depressione e di conseguenza dei suicidi.

1.4 – L'empatia e il lato oscuro delle emozioni

Nel mondo esistono alcuni soggetti che non solo non sanno gestire adeguatamente le proprie emozioni, ma che non sanno nemmeno riconoscerle. Queste persone soffrono di uno dei disturbi psicologici e psichiatrici maggiormente sottovalutati dai neurologhi di tutto il mondo, ossia l'alessitimia, nota anche con il nome di analfabetismo emotivo. Questa patologia non consente di riconoscere in maniera corretta i propri sentimenti e non permette di avere una relazione di qualsiasi genere con un altro soggetto. Infatti una persona alessitimica non è in grado di riconoscere nemmeno le espressioni facciali e vocali, le gestualità e le sottointenzioni altrui. Si tratta dunque di un problema diametralmente opposto all'empatia. Spesso i casi più gravi di soggetti affetti da alessitimia divengono criminali, stupratori e pedofili.

L'intelligenza emotiva viene in aiuto anche in questo caso. La categorizzazione delle emozioni può infatti risultare molto utile ad un soggetto alessitimico che, in questo modo, potrà intuire le emozioni altrui, oltreché le proprie. Si tratta di porre in essere una sorta di empatia simulata: il soggetto non potrà né riscontrare negli altri né provare in maniera adeguata i sentimenti, ma potrà associare le singole espressioni ad una determinata emozione, mediante uno studio approfondito volto al riconoscere i dettagli e i tratti comuni che caratterizzano le reazioni umane. In pratica il soggetto alessitimico dovrà essere in grado di interpretare i classici canali comunicativi, che riguardano il tono utilizzato nella conversazione, le espressioni facciali e i gesti.

L'empatia, viceversa, può rivelarsi una base solida e duratura sulla quale implementare un'intelligenza emotiva molto efficiente. I soggetti empatici partono dunque avvantaggiati, in quanto possiedono nel loro bagaglio a priori, capacità intuitive e sentimentali uniche, che consentono loro di trovare facilmente un equilibrio in sé stessi e nella società. Spesso questa categoria di soggetti occupa posizioni di prestigio, specialmente nel mondo del lavoro. Essere in possesso di empatia, però, non significa essere più intelligenti, se per intelligenza si considera il valore di Quoziente Intellettivo accademico. Infatti nei numerosi test svolti in vari istituti scolastici statunitensi ed europei, la correlazione tra empatia e Q.I. è relativamente bassa. È comunque possibile apprendere e affinare l'empatia anche per coloro i quali non ne possiedono completamente il controllo. L'empatia può essere vista infatti come una sorta di mimetismo sentimentale, una copia della sofferenza o dell'emozione altrui, che l'essere umano mette in pratica sin dai primi anni di vita: un bambino che vede un altro piccolo piangere, scoppierà anch'esso in lacrime, proprio a causa di un fattore empatico che consente di associare le sofferenze di entrambi.

Il sistema cerebrale, dunque, può mostrare due facce, proprio come la luna. La prima è quella visibile a tutti, rappresentata dall'empatia e dall'armonia sentimentale; la seconda, quella oscura, è invece quella della alessitimia, che invece comporta una serie di situazioni indesiderate. Tra le due parti esistono comunque una serie infinita di sfaccettature, che caratterizzano la sfera psichica dell'essere umano moderno.

1.4.1 — La rabbia e la collera come conseguenza alla mancanza di empatia

L'empatia dunque riveste un ruolo primario nella vita personale, in quanto consente di
46

rapportarsi agli altri soggetti in maniera diretta, in una sorta di collegamento telepatico creato dalle emozioni. I soggetti empatici riescono dunque a relazionarsi meglio, ad avere più amici, a possedere una relazione stabile e duratura e ad avere successo nel mondo del lavoro. Il segreto risiede proprio nella capacità altruistica implicita all'empatia. Condividere e provare le gioie e le sofferenze vissute dagli altri soggetti consente infatti di intuire in maniera immediata le necessità altrui e, soprattutto, di trovare le modalità adeguate per attenuare i dolori ed esaltare le gioie.

Spesso invece chi non possiede e non cura l'empatia percorre una strada completamente opposta nella vita. La difficoltà nel relazionarsi con sé stessi e con la società, porta i soggetti alessitimici a chiudersi sempre più in sé stessi, fino ad alienarsi completamente.

Per questo motivo i soggetti vuoti dal punto di vista empatico hanno maggiore possibilità di diventare sociopatici o molestatori. La causa sta tutta nella mancanza di altruismo, nella sensazione di non essere capiti dagli altri e nella consapevolezza di sapersi capire nemmeno da soli. Il tutto naturalmente sfocia in due emozioni: la rabbia prima, e la collera poi. La rabbia consiste in un atteggiamento costantemente rivolto alla contrarietà, ma che di per sé non presenta tratti violenti, almeno apparentemente. Se i pensieri del rabbioso vengono messi in atto, la rabbia diventa vera e propria collera, e porta a compiere azioni non accettate in una società, in quanto lesive del corpo altrui.

L'intelligenza emotiva fonda dunque le sue radici nell'empatia e nel collegamento sentimentale tra individui, ma non esclude coloro i quali non possiedono la capacità di relazionarsi. Esistono infatti vari metodi che aiutano a recuperare tracce empatiche all'interno di sé stessi, al fine di espanderle e amplificarle, fino a farle diventare basi di un nuovo percorso individuale e sociale. Solo su queste basi è inoltre poi possibile erigere il proprio Quoziente Intellettivo emotivo, in quanto la presenza dell'alessitimia non consentirebbe di avere alcun controllo delle proprie emozioni.

Capitolo 2 – L'applicazione dell'intelligenza emotiva

L'empatia e, di conseguenza, l'intelligenza emotiva possono manifestarsi già in tenera età. Nei primissimi anni di vita, infatti, quando ancora l'educazione non ha potuto influire attraverso il processo di soppressione della mente emotiva, i bambini, specialmente i fratellini, si mostrano capaci di manifestare solidarietà emotiva. Un litigio tra due bambini può mostrare molte sfaccettature dell'intelligenza, come il controllo della rabbia, e dell'empatia nel conforto dopo la lite.

Applicare l'intelligenza emotiva al giorno d'oggi non è semplice. Il motivo principale risiede nella standardizzazione etica voluta dalle società che gradualmente e costantemente hanno indotto le persone a soffocare le proprie emozioni, almeno esternamente. Una delle società che maggiormente ha perseguito questa strada è quella giapponese, nella quale le reazioni comportamentali sono minime, nonostante gli shock ai quali vengono sottoposto i sensi. Il motivo di tale particolarità è prettamente culturale, ed è dunque da ricercare nelle credenze e nelle etnie di questo popolo.

2.1 – Le arti sociali come base del pensiero di Goleman

Goleman era fermamente convinto che le emozioni potessero trasmettersi da un soggetto all'altro, solamente attraverso uno sguardo. In effetti è possibile considerare i sentimenti come contagiosi. Uno sguardo di una madre premurosa, ad esempio, può rassicurare un bambino impaurito, ma i casi di contagio sono veramente svariati. Tale contagio emotivo è possibile sempre grazie all'empatia posseduta, anche se soppressa. È come parlare di una condivisione telepatica di sentimenti, garantita anche dai giudizi posseduti nei confronti di determinate categorie di soggetti.

Dunque l'intelligenza emotiva si pone come obiettivo il controllo delle proprie emozioni e la gestione (puramente informativa) dei sentimenti altrui. Solamente coloro i quali riescono ad ottenere ottimi risultati in entrambe le specialità cerebrali considerate da Goleman le fondamenta dell'intelligenza emotiva potranno raggiungere i vertici nelle arti sociali. Infatti con il dominio dei sentimenti altrui è possibile assicurarsi posizioni di leadership, specialmente in ambito lavorativo: le situazioni potranno essere anticipate, grazie alla lettura del pensiero di alleati e concorrenti, e il tutto grazie alla semplice empatia.

Il raggiungimento di posti di vertice nelle arti sociali diviene così uno dei principali scopi che movimenta l'intera intelligenza emotiva. Avere successo nella vita è dunque uno dei metodi che consentono di realizzare più facilmente i propri sogni, di stare bene con sé stessi e con gli altri: il tutto sempre e solo grazie all'intelligenza emotiva.

Ma nello stesso modo con il quale si captano segnali emotivi dalle altre persone, ciascun soggetto invia a tutti segnali del tutto simili. Gli altri soggetti potrebbero essere ugualmente bravi ad analizzare le reazioni del nostro corpo ed intuirne i pensieri. L'abilità di un soggetto emotivamente intelligente, dunque, risiede anche nella capacità di inviare agli altri solamente i segnali giusti. Questa capacità dipende unicamente dal grado di controllo delle emozioni.

La sensazione rimane comunque quella che l'essere umano tende a copiare i sentimenti provati dagli altri. Durante un test, un soggetto ansioso potrebbe facilmente trasmettere l'ansia ad un altro soggetto, e sentirsi allo stesso tempo risollevato dalla calma altrui. Le interazioni con gli altri soggetti potrebbero essere sia positive che negative, a seconda dell'affinità con la quale essi si rapportano. Un rapporto che mostra sintonie empatiche porterà ad una relazione più forte, ad un contagio emotivo quasi totale, che aiuterà entrambi i soggetti ad affermarsi tra le arti sociali.

Nello specifico per affermarsi nelle arti sociali in maniera completa, è necessario possedere e affinare quattro capacità. La prima capacità fa riferimento all'abilità nell'organizzare dei gruppi: si tratta di una capacità che contraddistingue i cosiddetti leader che, grazie anche all'empatia, consente di sfruttare le attitudini di tutti i soggetti presenti nel gruppo a seconda del loro stato d'animo e della loro forza morale. Questa capacità dunque comporta delle responsabilità, in quanto solamente ai leader verrà richiesto di prendere le decisioni che maggiormente pesano a livello sociale e non solo individuale. La seconda capacità è invece quella di riuscire a negoziare delle soluzioni. Al giorno d'oggi il mediatore svolge uno dei ruoli più importanti al mondo: esso può persino riappacificare dei rapporti tra potenze mondiali, evitando così conflitti e casi internazionali che potrebbero avere ripercussioni sull'economia di ogni Stato del pianeta. L'abilità di stabilire dei legami personali rappresenta la quarta capacità che deve possedere un soggetto ambizioso e emotivamente intelligente. Questa capacità fa riferimento all'empatia vera e propria, in quanto attraverso essa è possibile intuire lo stato d'animo delle altre persone. Chi è in possesso di questa capacità, oltre ad essere un leader, è anche un buon amico, un ottimo partner e un affermato venditore. Infine la quarta capacità si riferisce all'abilità di analizzare in modo obiettivo e preciso l'intero scenario sociale, in modo tale da capire quali siano le problematiche morali, gli elementi motivazionali e le preoccupazioni dei soggetti. È un'abilità che si addice particolarmente agli scrittori, ma anche ai consulenti, in quanto permette di entrare nell'intimità emotiva degli altri. È una capacità che richiede la fiducia altrui, ma che, tramite la giusta empatia, può essere affinata e migliorata.

Dunque un soggetto in grado di mostrare tutte queste capacità può definirsi un leader, in grado di affermarsi a livello sociale. È necessario però non confondere l'intelligenza emotiva con l'intelligenza sociale. Una persona socialmente intelligente, ossia dotata di tutte le capacità sopra elencate e affermata nella società, può sentirsi comunque irrealizzata e, di conseguenza, infelice. Essa mostra attenzione verso le singole reazioni espressive delle altre persone, regola le proprie e tenta di tutto per intraprendere la strada migliore. In realtà però non sta seguendo il suo vero istinto, in quanto le proprie emozioni vengono comunque soppresse, anche se gestite.

Quando un uomo invece apprende tutte le nozioni basilari dell'intelligenza emotiva e le applica al meglio, gestendo al massimo le proprie emozioni e quelle altrui, si parla di vero e proprio talento emozionale.

2.2 – Il cuore e la passione guidano l'uomo

L'essere umano, in quanto animale evoluto, segue il proprio istinto. Al fine di difendere il proprio orgoglio, talvolta, un soggetto può ferire sentimentalmente anche il proprio partner. Questo rientra comunque all'interno di un concetto empatico: il soggetto che intende difendersi e che decide di passare al contrattacco conosce i punti morali più deboli del compagno, e proprio lì tenta di fare breccia.

La gestione emotiva, dunque, deve sempre tenere conto delle passioni. Un'intelligenza elevata in questo ambito potrebbe comportare un totale controllo delle proprie emozioni, che prevede organizzazione cerebrale e ordine, con grande importanza rivolta al mantenimento di una determinata espressione facciale. Il tutto è però legato alla forza con la quale una passione può travolgere un individuo.

L'istinto animale che l'essere umano ha soppresso in secoli di evoluzione, infatti, potrebbe sempre far capolino, facendo agire l'uomo seguendo il "cuore", o per meglio dire la mente sentimentale, e la passione.

Questi elementi hanno infatti da sempre caratterizzato la vita umana, guidandola nelle decisioni e sostenendola nei momenti più difficili della storia sociale ed evolutiva.

Ma la conoscenza della presenza di una modalità di gestione di tali sentimenti dovrebbe indurre gli uomini a capire quali siano i metodi più opportuni per controllare il proprio corpo e le proprie emozioni, incrementando in questo modo il proprio Quoziente Intellettivo emotivo.

Le emozioni, intese come puro istinto o pura passione, possono portare ad esempio a proferire offese verbali in grado di schernire anche la persona amata; ciò che accompagna queste offese è un linguaggio facciale altrettanto offensivo, che amplifica i concetti espressi e ingigantisce il disprezzo. Molti psichiatri hanno inoltre evidenziato che quando il rapporto di coppia è caratterizzato da numerosi scambi di questo genere, i soggetti mostrano una tendenza molto più elevata ad ammalarsi. Inoltre all'aumentare delle offese si assiste ad un incremento graduale dell'infelicità.

La società di oggi, oltre che maggiormente stressata, appare anche molto più infelice, specialmente se paragonata alla vita sociale delle famiglie del secondo dopo guerra.

Il classico botta-e-risposta che avviene tra coniugi infelici è uno dei casi peggiori di rapporto empatico. Inverosimilmente la fuga dal dibattito di uno dei due partner rappresenterebbe un caso ancora peggiore. Colui che si ritira dai dialoghi, anche se accesi, è considerato nel mondo psichiatrico un ostruzionista, che colpisce il partner con indifferenza e distacco.

I dialoghi parlati celano dei dialoghi empatici. Ciò che si vorrebbe dire o ciò che si pensa realmente non viene mai totalmente espresso, ma viene comunque fatto intuire lanciando segnali espressivi. I dibattiti celati però non fanno altro che incrementare il livello di indignazione e risentimento nella relazione di coppia, facendo innalzare la probabilità che il rapporto tenda ad una crisi. Osservare e contemplare tutti i gesti effettuati dal partner, sia positivi sia negativi, senza tenere conto solamente di questi ultimi, potrebbe indurre un soggetto ad avere meno episodi di sequestro emozionale. Si tratta dunque di effettuare un'analisi precisa e obiettiva dei comportamenti del partner, un esame utile a gettare le fondamenta di un rapporto emotivamente intelligente.

Dunque la parte della coppia considerata "pessimistica" è molto più soggetta ad andare incontro a sequestri emozionali rispetto all'altra parte. La visione di un rapporto esasperato, infatti, potrebbe provocare facili collere, con conseguente perdita del controllo, incrementando anche i casi di ostruzionismo da parte del compagno. Gli uomini, specialmente negli ultimi anni, hanno manifestato un numero di sequestri emozionali molto più elevato rispetto alle donne. Spesso questo sequestro sfocia in atti di violenza, che la donna non è in grado di denunciare alle autorità competenti per timore di subire aggressività ancora più gravi o per paura di perdere il proprio partner. Per questo motivo è bene tenere conto del ruolo del "cuore". L'amore è un sentimento che nasce non per caso e che non può trasformarsi in odio, se non quando il controllo emozionale è privo di qualsiasi freno inibitorio e quando la razionalità lascia campo aperto all'istinto più brutale. Lasciarsi guidare dal cuore, inteso come elemento positivo della mente sentimentale, è la cura migliore in questi tipi di rapporto, nei quali è fondamentale riscoprire i valori che hanno fatto nascere la coppia.

Lasciare che il cuore guidi la propria vita è importante sia in ambito amoroso che in ambito lavorativo. Un imprenditore, con pochi o molti dipendenti al di sotto, che gestisce la mente sentimentale avrà molte più probabilità di successo rispetto ad un imprenditore iroso e collerico. Molti dipendenti affermano che spesso rinunciano a denunciare problematiche interne alle mansioni svolte per timore della reazione del proprio capo: un atteggiamento di questo genere all'interno di un rapporto sociale e relazionale è da considerare negativo. Un imprenditore deve dunque ascoltare i propri dipendenti e seguire le quattro regole che stanno alla base di un rapporto emotivamente intelligente: essere preciso; offrire una soluzione; essere presente; essere sensibile.

In un gruppo sociale, come può essere un'azienda, è molto importante non solo l'intelligenza individuale, bensì stabilire un elevato Quoziente Intellettivo emotivo generale. L'empatia tra dipendenti, tra dirigenti e operai e tra ogni altro elemento interno all'impresa, può fungere da elemento trainante dell'intera società. Sfruttare l'intelligenza emotiva in questo ambito può portare a raccogliere numerosi frutti, dati dalle soddisfazioni individuali e da quelle generali. Per questo motivo è importante stabilire un'organizzazione che comporti la soddisfazione massima per ogni individuo: un soggetto che lavora meno di quanto potrebbe, ad esempio, si sentirebbe sottovalutato, rendendo sempre meno per l'azienda.

2.3 – L'uomo, la medicina e la mente: tre elementi indissolubili

La malattia rappresenta uno dei momenti in cui la mente sentimentale si mostra più fragile durante tutto l'arco della vita. Questo però sembra non avere influenza su medici e infermieri, che spesso svolgono il loro lavoro senza tener conto della sfera emotiva dei pazienti. L'annuncio di una malattia, anche grave, può infatti far crollare tutte le certezze di un soggetto, facendolo sprofondare, nei peggiori dei casi, nella depressione. La mancanza di tatto, dovuta forse ad una mancanza di empatia in ambito professionale della maggior parte degli operatori sanitari, può dunque avere conseguenze molto negative.

Anche coloro che sono dotati di intelligenza emotiva, talvolta, possono veder vacillare le certezze assodate nel tempo. La forza della mente, infatti, così come il controllo delle emozioni, possono comunque crollare dinanzi ad uno shock, o per meglio dire di fronte ad un sequestro emozionale dovuto ad un evento sconvolgente.

Allo stesso tempo molti teorici ipotizzano che alcune malattie, anche piuttosto gravi, possono essere completamente curate con la forza della mente. Secondo questi soggetti, il potere spirituale, unitamente al controllo totale delle emozioni, sarebbe in grado di superare patologie di vario genere solamente imponendosi di vivere la vita con felicità e forza.

Naturalmente l'idea di un'autoguarigione di questo genere è pressoché impossibile dal punto di vista sanitario. Ciò però non significa che la mente umana non svolga un ruolo di primo piano in ogni fase del processo di guarigione, che comunque dovrà essere gestito e seguito da un medico specializzato. Nel 1974, il Dott. Ader scoprì che il sistema immunitario è in grado di apprendere, così come lo è il sistema cerebrale. Questa scoperta, da molti male interpretata, stava a significare che in un qualsiasi caso clinico è necessario tener conto delle emozioni e della volontà del paziente. Sottovalutare questo aspetto, come molti medici attualmente fanno, per via della mancanza di tempo o dell'alienazione emotiva causata dal posto di lavoro, può provocare effetti anche molto negativi sul paziente.

L'idea di possedere un sistema immunitario capace di apprendere ha indotto molti medici ad approfondire questo aspetto clinico: lo studio portò ad una scoperta incredibile. Ad alcuni ratti da laboratorio veniva somministrato un farmaco in grado di ridurre le cosiddette cellule T, attraverso acqua contenente saccarina; alcuni di questi ratti, privati di queste cellule, morirono dopo poco tempo. Ai ratti sopravvissuti fu dunque somministrata solamente acqua con saccarina: il sistema immunitario, appreso il collegamento tra questo elemento e il farmaco, provocò immediatamente una riduzione delle cellule T, nonostante il farmaco non venisse più somministrato. Questo effetto si ripercosse non solo sul sistema cerebrale, ma anche su quello immunitario e su quello nervoso. I messaggeri chimici presenti in tutti questi sistemi, inoltre, sono i medesimi che svolgono un importante ruolo nella fase di gestione e regolazione delle emozioni. Da questo presupposto si intensificano le scoperte che vedono come protagoniste le emozioni. Queste ultime, infatti, sono in grado di influenzare la produzione di insulina all'interno del pancreas, oppure di regolarizzare la pressione del sangue e, soprattutto, di condizionare il lavoro svolto dalle sinapsi e dunque dal sistema immunitario.

Il legame tra l'essere umano, la medicina e la mente è dunque notevole. L'effetto placebo, ad esempio, viene tutt'oggi considerato come un effetto autoguarente del corpo umano, provocato dalla sola convinzione che l'assunzione di un finto farmaco possa comportare dei benefici.

2.4 – Come superare i traumi mediante l'intelligenza emotiva

I traumi, specialmente quelli subiti durante i primi anni di vita, possono divenire nel corso dell'esistenza veri e propri ostacoli, talvolta insormontabili. Tali traumi dovranno essere necessariamente affrontati da un soggetto con l'ausilio di uno specialista, in quanto i tentativi di superare il problema individualmente potrebbe comportare ulteriori peggioramenti e traumi ancor più gravi.

L'intelligenza emotiva, però, grazie alla funzione che svolge a livello cerebrale e neurologico, può comunque essere di aiuto. Nello specifico è sconsigliato evitare completamente il consulto medico, ma le probabilità di affrontare e superare il trauma con alle spalle un buon livello di intelligenza emotiva aumenteranno notevolmente. In particolare l'intelligenza emotiva richiede il possesso di sette elementi importantissimi al fine di riuscire ad andare oltre questi problemi, che potrebbero divenire nel corso della vita vere e proprie patologie.

Il primo aspetto sul quale si basa la mente emotiva è la fiducia. Essa è intesa sia nei confronti del mondo esterno sia del mondo presente all'interno di ogni essere umano. Questo aspetto riguarda dunque la fiducia verso il prossimo e l'autostima. Ogni uomo che possiede un certo grado di controllo del proprio corpo, delle proprie emozioni e del proprio comportamento, affronterà in maniera migliore il trauma, convinto di potercela fare.

Il secondo aspetto è invece quello della curiosità. L'uomo curioso è infatti in grado di porre in essere attività e azioni che nessun altro uomo è in grado di realizzare. La curiosità di affrontare il trauma sostituisce infatti gradualmente la paura, in un mix di emozioni che solo l'essere emotivamente intelligente è in grado di gestire in maniera adeguata.

L'intenzionalità rappresenta il terzo aspetto necessario per superare un trauma. È importante per un soggetto debole dal punto di vista psichiatrico capire quanto la sua azione possa essere importante, non solo per sé stessi, ma anche per gli altri.

L'intenzionalità, intesa come perseveranza e volontà, però non può essere presente sin dalle prime fasi di guarigione. Essa si mostrerà man mano che il processo prosegue e risulterà fondamentale per il superamento del trauma.

Anche l'autocontrollo rientra tra gli aspetti richiesti al soggetto emotivamente intelligente. Sulla base dell'età posseduta, dell'esperienza evolutiva accumulata e del grado di intelligenza emotiva posseduta, l'autocontrollo consente di gestire le proprie azioni in maniera perfetta, evitando eventuali sequestri emozionali, che potrebbero essere provocati dal confronto con il proprio trauma. L'autocontrollo non solo gestisce le proprie emozioni, ma soprattutto gestisce le proprie azioni, in quanto solo queste ultime sono in grado di arrecare conseguenze e danni verso i terzi.

Il quinto aspetto è invece quello della connessione. Si tratta di un aspetto prettamente empatico, che richiede di sintonizzarsi con gli altri, ed in particolare con i familiari che stanno vicini al paziente e con gli amici in grado di sostenerlo. Mostrare le proprie emozioni può liberare l'empatia soffocata al proprio interno e può consentire di entrare in connessione con gli altri. In questo modo non solo il soggetto capirà di essere compreso, ma riuscirà finalmente a intuire di non essere solo ad affrontare il trauma e di avere tutto il sostegno di cui necessita per superarlo.

La capacità di comunicare è il sesto punto dei requisiti necessari per superare un trauma. Una volta raggiunta la connessione con gli altri, la fiducia in sé stessi aumenta in maniera davvero incredibile. A questo punto bisognerà solamente lasciare uscire tutto quello che si ha dentro, in modo tale da liberarsi di ogni peso. Per farlo è necessario rimparare a comunicare: non solo a parole, ma anche con le espressioni, con i gesti e con il pensiero. Questo aiuterà il paziente a ricevere sostegno ad esempio anche nei momenti in cui potrebbe essere impossibile comunicare a voce.

Infine il settimo e ultimo aspetto fa riferimento alla capacità di cooperare. Infatti, nonostante si stia attraversando un delicato processo di guarigione da un trauma, non bisogna mai dimenticare che esistono anche le altre persone, ognuna delle quali è costretta ad affrontare i propri problemi quotidiani, piccoli o grandi che siano. Per questo motivo è comunque importante non trascurare tutto ciò che non riguarda il trauma ed è necessario essere sempre pronti a collaborare con gli altri, per aiutarli a vivere la vita più semplicemente. Collaborare può anche essere d'aiuto per impedire di focalizzare il proprio pensiero solamente sul proprio trauma, durante l'intero intervallo clinico, e consente allo stesso tempo di portare avanti il processo di armonizzazione con sé stessi e con il resto del mondo.

2.4.1 – Affrontare le proprie paure affidandosi alle emozioni

La terapia psichica ha lo scopo di ripristinare nel paziente le normali reazioni emotive, che il trauma aveva in qualche modo cancellato dal sistema cerebrale. Per farlo è però necessario tentare di riabituare, in maniera graduale, tutti i circuiti che regolano la trasmissione delle emozioni. La psicoterapia, dunque, deve essere concepita non come qualcosa di negativo, ma solamente come un trattamento non invasivo in grado di riportare il soggetto sulla strada giusta, ossia quella rappresentata dalle emozioni e dall'intelligenza emotiva.

I traumi, infatti, riescono a rimanere radicati per molti anni nel sistema cerebrale, impedendo e interferendo sull'apprendimento delle successive emozioni. Il rischio più grande è quello di vedere inceppato il processo che regola la memoria. La soluzione, anche in questo caso, dipende in particolare dall'amigdala. La paura, a seconda del livello di trauma subìto, è in grado di condizionare anche le cose più innocue. Queste infatti potrebbero essere associate all'evento traumatico, complicando persino la riuscita dell'intero processo terapeutico. Il trauma può essere alleggerito da eventi successivi in grado di attenuare la paura verso una determinata cosa o situazione. L'esempio più classico è quello di un bambino inseguito da un cane feroce, che nel tempo può allontanare la paura dovuta al trauma avendo a che fare con cani docili e affettuosi. Solamente un apprendimento attivo, dovuto dunque all'esperienza e alla tenacia, può consentire una riregolarizzazione del sistema emotivo; viceversa si rischia che il trauma rimanga radicato in profondità, ampliando ad esempio la paura nutrita nei confronti dei cani anche verso altri animali, persino quelli più miti. Dunque liberarsi dalle catene emotive imposte dai traumi potrebbe essere solamente una questione di tempo, ma non sempre è così.

I bambini, in particolare, possiedono una gestione del trauma completamente differente rispetto a quella messa in atto dai soggetti adulti. Essi infatti tentano di ripercorrere i traumi subiti, come le violenze fisiche o i rapimenti, attraverso il gioco, raggiungendo in esso quasi sempre un lieto fine. I soggetti adulti, invece, tendono ad evitare completamente l'argomento traumatico, come se fosse un fatto estraneo alla propria sfera personale. Quest'ultimo atteggiamento è però sbagliato: il trauma tenderà a radicalizzarsi sempre più, amplificando gli effetti e aumentando i rischi di incappare in sequestri emotivi. Solamente affrontando le paure è dunque possibile parlare di guarigione completa: questo processo però può essere messo in atto solamente nel momento in cui si possiede un bagaglio emotivo sufficiente a monitorare le singole reazioni.

2.5 – La forza di volontà come forza più efficace del destino

La tenacia rappresenta dunque uno degli elementi più importanti per un essere umano, specialmente per coloro i quali hanno dovuto affrontare momenti della vita molto complicati. Una volta alterate le reazioni emotive, infatti, risulta molto difficile e arduo riportare l'amigdala alle sue normali funzioni. Ma la tenacia è importante anche al di fuori dei traumi. Molti bambini, ad esempio, possono apparire reticenti a qualsiasi evento effettuato al di fuori dagli ambienti familiari. Questi soggetti, una volta divenuti adulti, potrebbero mantenere questo stato di reticenza, rifiutando di allontanarsi dalle mura di casa e attirandosi in maniera continua sensi di colpa e rimorsi. Il problema principale per queste persone diventa così lo stato di ansia. Questa, viene talvolta considerata come una vera e propria patologia, che può essere superata solamente mediante un processo psicoterapeutico, supportato da una buona dose di forza di volontà e da una costante tenacia. Solo in questo modo, infatti, è possibile ribaltare il destino: se la natura di un uomo, sin dalla sua nascita, è quella di essere restio a qualsiasi novità, non è detto che questa tendenza debba essere mantenuta nell'arco dell'intera esistenza. L'uomo, con gli aiuti adeguati, ha la possibilità di modificare, o per meglio dire di migliorare, il proprio carattere. Questo altro non è che l'applicazione dell'intelligenza emotiva, nel suo senso più stretto di gestione e controllo delle emozioni, comprese quelle che caratterizzato la personalità di un soggetto. Un uomo timido e reticente non riuscirà mai ad affermarsi nelle arti sociali e non potrà godere del successo al quale ambisce, proprio in quanto incapace di manifestare il proprio valore davanti agli altri.

Capitolo 3 – La gestione delle emozioni

Una delle problematiche più gravi che affligge alcuni soggetti è l'analfabetismo emozionale. Non si tratta dunque di semplice incapacità di gestione dei propri sentimenti, ma di un problema ben più radicato nel sistema reattivo umano. Ma più che un problema individuale ciò a cui si sta assistendo negli ultimi decenni è una vera e propria problematica sociale.

La gestione delle emozioni sta alla base di una società considerata, sotto questo aspetto, intelligente e allo stesso tempo matura: il livello di tale maturità deve essere misurato non solo tenendo conto del comportamento di anziani e adulti, ma anche di bambini e adolescenti, che più di ogni altro soggetto possono tendere al sequestro emotivo.

Il malessere emozionale sociale ha portato ad una incidenza depressiva sempre più forte, specialmente nelle aree metropolitane e nei quartieri più malfamati delle più importanti città statunitensi ed europee. Gli adolescenti appartenenti alla società moderna mostrano insofferenze emotive comuni. La principale problematica riguarda la chiusura in sé stessi: la mancanza di una comunicazione costante non consente mai un'evoluzione idonea e adeguata, bensì diviene causa di problematiche sempre più gravi. Questa mancanza però non è da imputare ai soli adolescenti, ma anche a coloro che non possiedono né il tempo né la voglia di ascoltarli. Sotto questo aspetto la mancanza di comunicazione e la chiusura in sé stessi diventa una conseguenza relativa alla frenesia tipica della società moderna. Una seconda problematica è la diffusione sempre più elevata di stati d'animo depressivi e ansiosi. Anche in questo caso è la società che può essere colpevolizzata. Le persone per sentirsi apprezzate, per sentirsi amate o solamente per sentirsi accettate vanno alla costante ricerca della perfezione, almeno apparente, che non potrà comunque mai essere raggiunta. Il mancato raggiungimento diviene appunto la causa di tale ansia, che sfocia spesso in atteggiamenti depressivi. L'uomo moderno può dunque essere definito come un essere stressato, stanco e perennemente incompreso, che tende sempre verso obiettivi irreali e irraggiungibili, solamente per il benessere apparente. Ciò che scaturisce da questo scenario rappresenta la terza problematica adolescenziale della società moderna: la mancanza di riflessione e la mancanza di attenzione. La prima conseguenza di questa questione è riscontrabile nei risultati scolastici, sempre più scadenti. L'attenzione è infatti focalizzata su altre tematiche ed ogni distrazione diventa buona pur di non riflettere su un determinato argomento scolastico. L'utilizzo degli smartphone all'interno degli istituti scolastici è diventato l'emblema di questa problematica, che potrebbe portare ad una società futura disattenta e impreparata. Infine la quarta problematica fa riferimento alla vera e propria mancanza dell'intelligenza emotiva: i casi di aggressione e violenza. L'essere umano, a qualunque età, tende sempre a prevalere sugli altri e per farlo, talvolta, è disposto a pagare qualsiasi prezzo. I ragazzi dunque assumono atteggiamenti violenti e cattivi nei confronti degli altri solamente per imporre la propria superiorità, pensano che il loro modo di fare sia il migliore, si mostrano testardi e non disposti al dialogo.

Una società che presenta tutti questi problemi è considerata emotivamente tossica, con soggetti sempre più incapaci di gestire le emozioni e di seguire la via amorevole. L'aggressività è una conseguenza quasi scontata di un mondo costantemente sull'orlo di un sequestro emozionale. Per questo motivo è necessario implementare un sistema scolastico in grado di insegnare ai ragazzi come gestire e controllare le proprie emozioni, al fine di costruire un futuro emotivamente e omogeneamente intelligente.

3.1 – Cosa è un'emozione

Per capire come sia possibile controllare e gestire i propri sentimenti è necessario intuire quale sia effettivamente l'elemento che sta alla base dell'intelligenza emotiva. L'emozione non deve essere intesa come un qualcosa di astratto che circola casualmente all'interno del sistema cerebrale, bensì come una conseguenza dei rapporti che si hanno con l'ambiente esterno, che comprende natura e altri soggetti. Un paesaggio bellissimo può suscitare un'emozione nello stesso modo in cui la suscita la persona amata: il processo di percezione del sentimento è il medesimo, anche se ciò che si prova all'interno della mente è differente.

Ciò che contraddistingue l'emozione è l'istinto che porta all'azione. Per anni molti psicologi, neurologi e psichiatri di tutto il mondo hanno tentato di realizzare una graduatoria delle emozioni, distinguendo quelle primarie da quelle secondarie. Tale classifica ha portato a dei risultati più o meno attendibili, che vedono in primo piano l'amore, la paura, la collera, la felicità, la tristezza, la sorpresa e il disgusto, ma esiste un'infinita serie di sfaccettature di cui si è deciso di tenere meno conto. In realtà un sentimento come la gelosia non può essere messo in secondo piano, così come la vergogna. Gli impulsi inviati da queste emozioni sono equiparabili a quelli inviati dai sentimenti precedentemente elencati.

A prescindere dalla loro importanza è comunque necessario capire che le emozioni generano conseguenze percepibili in tutto il corpo, influenzando ad esempio gli stati d'animo.

3.2 – Categorizzare i propri sentimenti come punto primario dell'intelligenza emotiva

Una volta percepita un'emozione questa deve essere categorizzata, ossia associata ad un determinato genere, in modo tale da poterla monitorare e gestire con maggiore facilità. Questo passaggio però non è immediato come potrebbe apparire. Il riconoscimento di un'emozione può essere confuso, o comunque sconnesso a causa di una serie di fattori. La prima su tutte è l'errata percezione di ciò che si vuole: ogni emozione viene infatti scomposta ed assegnata ad un genere utilizzando solamente la mente razionale.

Per svolgere al meglio questa attività intellettiva è dunque necessario esprimere ad alta voce ciò che si prova in un determinato momento, in modo tale da analizzarlo ed esaminarlo, magari con l'aiuto di specialisti del caso. È bene affinare tale procedimento fino a quando il riconoscimento emotivo e la categorizzazione avvengono in maniera automatica e, soprattutto, in maniera corretta. L'apprendimento del processo di categorizzazione risulta più efficace nei primi anni di età fino all'adolescenza.

Proprio per questo motivo sarebbe utile implementare una scuola basata sull'analisi delle emozioni.

Istituti di questo genere esistono già in vari luoghi del pianeta, generalmente nelle aree all'interno delle quali i ragazzi devono affrontare quotidianamente realtà sociali molto complicate. In queste scuole vengono dedicate delle ore allo studio della competenza sociale, in modo tale da approfondire ciò che avviene nel mondo esterno e categorizzarlo, nel bene o nel male. Indirizzare gli adolescenti verso attività benefiche ed oneste piuttosto che allo spaccio e alla delinquenza è un primo passo molto importante che può essere ricondotto alla categorizzazione emotiva. Lo scopo di questi istituti è proprio quello di escludere che il futuro possa essere associato esclusivamente a forme di analfabetismo emotivo, ossia ad un futuro caratterizzato da violenza, depressione e ignoranza.

3.2.1 – Come riconoscere le proprie emozioni

Una volta ottenuto un buon livello di alfabetizzazione emotiva, i sentimenti potranno essere riconosciuti, al fine di analizzarli ulteriormente. L'intelligenza emotiva punta sul fatto che le emozioni debbano infatti essere ascoltate, per poterne trarne i massimi benefici. Seguire la mente sentimentale può condurre un soggetto ad ottenere ottimi risultati in ambito sociale e sotto l'aspetto individuale.

Una stessa emozione è infatti capace di portare a conseguenze differenti a seconda della persona che la prova o addirittura a seconda del giorno in cui la medesima persona la percepisce. Sentirsi frustrati ad esempio può provocare stanchezza, ma anche confusione, ansia o addirittura esasperazione. A sua volta ogni percezione può portare ad altre conseguenze, in un processo graduale e costante.

Un altro passaggio importante è invece l'esternazione espressiva del sentimento appena percepito. Come detto in precedenza tale passaggio è prettamente istintivo e dovuto alle singole reazioni personali. Un analfabeta emotivo, però, può esprimere, e quindi mostrare, atteggiamenti facciali e gestuali differenti da quelli definiti standard. Disgusto può essere scambiato per paura, collera per infelicità: la confusione e l'ignoranza emotiva però non si manifestano solamente all'esterno, ma causano problematiche soprattutto interiormente al soggetto.

3.3 – Cosa comporta il cosiddetto analfabetismo emozionale

L'analfabeta emotivo, mancando completamente di empatia, mostra notevoli difficoltà anche nel riconoscimento dei sentimenti altrui. Questo potrebbe generare equivoci talvolta fatali, a seconda del caso e del momento nel quale ci si trova. La conseguenza più ovvia di queste futili incomprensioni sono infatti gli omicidi, generalmente preceduti da un sequestro emozionale totale.

Spesso i soggetti privi di un qualsiasi tipo di conoscenza dei sentimenti percepiti non mostrano segni di alterazione fino al momento dell'equivoco o del sequestro emotivo. La motivazione principale deve essere ricercata proprio nella mancanza di comunicazione del soggetto che, non esternando le proprie difficoltà e le proprie problematiche, non è in grado di intuire la propria anomalia cerebrale. Questi soggetti dunque assistono inermi ad una vera e propria deriva interiore, che passa in maniera graduale dall'insicurezza al sentirsi incompresi, dalla depressione al crimine, fino all'atto lesivo che provoca l'attrazione dell'attenzione generale su di sé.

Altre volte invece le difficoltà nell'apprendimento emotivo vengono mostrate sin dai primi anni di età. I bambini vivaci e incontrollabili avranno in alcuni casi un futuro tendenzialmente rivolto al mondo del crimine. La gestione delle emozioni deve essere imposta già da queste fasi, in modo tale da garantire loro un corretto e adeguato monitoraggio dei sentimenti, ma non sempre questo avviene in modo tempestivo. La problematica non riguarda solamente bambini e adolescenti che versano in situazioni svantaggiate, ma può essere ricondotta a qualsiasi bambino, di qualunque area del pianeta, a prescindere dalla classe sociale e dalla ricchezza posseduta.

La strada segnata per i bambini che, per vari motivi, non hanno potuto ottenere ausili da specialisti nel controllo delle emozioni, porta direttamente ad una fase depressiva, più o meno forte a seconda dei casi. Se nei decenni precedenti la depressione era frutto della noia e delle ripercussioni post belliche e riguardava specialmente gli adulti in età avanzata, negli ultimi anni i dati riferiscono di un'elevata incidenza depressiva in età adolescenziale e giovanile.

Questa incidenza è data in particolar modo dalla difficoltà che possiedono i ragazzi nel rapportarsi con il resto del mondo e dall'impossibilità di realizzarsi, specialmente in certi ambienti.

È molto importante, dunque, dedicare parte del tempo dei giovani non solo alla pratica degli sport, ma anche ad attività che riducano notevolmente le probabilità di incorrere in depressioni di vari generi, come ad esempio le attività culturali o i viaggi. La prevenzione è uno dei pochi potenziali metodi in grado di ridurre questa piaga che affligge la società del nuovo secolo.

Talvolta queste depressioni possono addirittura trasformarsi in gravi problematiche nutrizionali, come ad esempio i disturbi del comportamento alimentare. Il senso di abbandono e di isolamento e l'incapacità di gestire le proprie emozioni nelle persone più fragili possono quindi ripercuotersi sull'alimentazione, come atti lesivi effettuati sul proprio corpo.

Un'altra conseguenza dell'analfabetismo emotivo è sicuramente la tossicodipendenza. L'utilizzo di droghe viene infatti descritto come una fuga dal mondo verso il quale si nutre un odio sempre più profondo. Ma la tossicodipendenza non fa altro che incrementare questa avversità, facendo entrare il soggetto in un circolo vizioso dal quale trovare la via d'uscita risulta molto complicato.

L'amicizia, l'amore e la vicinanza dei parenti rappresentano la base sulla quale erigere la propria intelligenza emotiva, che deve essere nutrita da tenacia e forza di volontà. Talvolta anche questi valori non sono sufficienti per riuscire a superare le conseguenze dell'analfabetismo emotivo, e diventa necessario l'intervento di un esperto.

Conclusioni

L'intelligenza emotiva può dunque essere immaginata come l'intelligenza del futuro. A partire dagli studi effettuati da Goleman, l'intelligenza emotiva ha subito una serie di processi evolutivi al fine di adattarsi in maniera perfetta al mondo attuale. Il mondo lavorativo e le arti sociali richiedono sempre più soggetti dotati di una capacità di gestione delle emozioni, le scuole stanno man mano implementando sistemi istruttivi per approfondire le competenze sociali e vengono portati avanti vari progetti per informare i soggetti dell'esistenza di questo genere di intelligenza.

Ma la capacità di gestire le emozioni diventa fondamentale anche per scampare ad alcune situazioni che tutt'oggi rappresentano la realtà per molti soggetti. L'analfabetismo emozionale è infatti considerato la principale causa di problematiche, quali l'ansia, la depressione, la tossicodipendenza e i disturbi alimentari.

L'intelligenza emotiva viene imposta da molti specialisti per superare eventuali traumi subiti in età infantile o adolescenziali. Queste lesioni sentimentali, oltreché fisiche, possono provocare conseguenze negative durante l'intero arco della vita. Superarle è comunque possibile, ma richiede grande forza di volontà e l'aiuto di tutte le persone vicine.

Emblema dell'intelligenza emotiva è l'empatia, che consente di interconnettersi, quasi in maniera telepatica, con gli altri soggetti. Questo valore può essere innato o può essere coltivato negli anni, permettendo di conoscere in maniera migliore le emozioni altrui, oltreché le proprie.